Der Krieg und ich

...wie ich als Kind den Krieg erlebte

Ich danke meinem Sohn Hans Peter, der mich bei der Umsetzung meines ersten Entwurfs sehr unterstütz hat. Ebenso richte ich meinen Dank an meine Enkeltochter Carolin, die in liebevoller Begleitung die Überarbeitung des Werkes realisiert hat.

Zita Ritz

Der Krieg und ich
...wie ich als Kind den Krieg erlebte

Impressum
Bibliografische Information der Deutschen Nationalbibliothek:
Die Deutsche Nationalbibliothek verzeichnet diese Publikation in der
Deutschen Nationalbibliografie; detaillierte bibliografische Daten sind
im Internet über http://dnb.dnb.de abrufbar.

© 2022 Zita Ritz
Umschlagsabbildungen: Hist. Postkarte Illingen vor 1938 (o.),

Ausschnitt aus C.E.F. Törner „Der Junge mit der Milchkanne" (1890)
Herstellung und Verlag: BoD - Books on Demand, Norderstedt
ISBN: 9783756885473

Inhalt

Vorwort

Ich habe diese Erinnerungen für meine Nachkommen festgehalten, verbunden mit dem dringenden Wunsch, dass diese so etwas nicht erleben müssen. Durch das Kriegsgeschehen in der Ukraine wird nun alles wieder lebendig und es ängstigt mich, dass wir nach 70 Jahren Frieden nun wieder einen Krieg in unmittelbarer Nähe haben.

Heute will ich endlich damit beginnen zu erzählen, wie ich, geboren 1931, als Kind den 2. Weltkrieg erlebte.

Ich lebte zusammen mit meiner Mutter Anna, meinem Vater Peter und meinen Geschwistern Maria und Erich in Illingen.

Schon oft habe ich meinen Kindern und Enkeln etwas darüber erzählt, aber das waren immer kurze Episoden.

Mein ältester Enkel Jens war immer sehr wissbegierig, was mir den Gedanken, alles aufzuschreiben, immer mehr aufdrängte.

Ich kann zwar nur erzählen wie es mir einfällt, ich kann wenig mit Daten belegen, denn ich habe ja kein Tagebuch geführt damals, aber ich will versuchen die Geschehnisse einigermaßen in die richtige Reihenfolge zu bringen.

Es war eine schwere Zeit, aber ich möchte sie nicht missen. Sie hat mich gelehrt sorgsam mit allem umzugehen und dankbar zu schätzen, was wir heute alles haben.

Unser Haus war in all den Jahren immer voller Menschen. Westwallfahrer, Soldaten, Kusinen und Flüchtlinge. Ich kann mir heute gar nicht mehr vorstellen, wo die alle lebten.

Meine Schwester, die verheiratet war, lebte während ihr Mann Soldat, war auch bei uns und dann waren da noch meine Eltern und ich (mein Bruder war auch Soldat). Außerdem lebte noch eine dreiköpfige Familie zur Miete im Haus.

Badezimmer gab es nicht und auch kein WC.
Dazu diente ein Holzhäuschen hinter dem Haus.

Historisches Foto unseres Hauses, Beethovenstraße 1 in Illingen.

Der Brand der Synagoge

Meine erste Erinnerung an den kurz bevorstehenden Krieg ist die Reichskristallnacht, wie man sie heute nennt. Die Nacht vom 9. auf den 10. November 1938. Ich war damals 7 Jahre alt.

Mein Vater kam vom Postamt, wo er als Beamter arbeitete, nach Hause, um mich abzuholen. Es gäbe was zu sehen, sagte er.

In der Nacht hatten SA-Männer (Hitlers braune Handlanger) alle Fensterscheiben der Synagoge eingeschlagen. Viele Leute, darunter auch Schulklassen, hatten sich versammelt um die Geschehnisse zu verfolgen. Manche, darunter auch mein Vater und ich, durften sogar in die Synagoge hinein. Es war ungewöhnlich eine Synagoge zu besuchen.

Wir sahen uns alles an und gingen dann auf die gegenüberliegende Straßenseite, wo meine Schwester im Haus ihrer Schwiegereltern wohnte. Vom Fenster aus konnten wir nun alles Weitere verfolgen. Rechts und links des privaten Hauseinganges hatten die SA-Männer die eingerahmten Bilder der dort wohnenden jüdischen Familie aufgestellt und verhöhnten sie. Ein Lastwagen stand bereit, auf den die Familie verladen wurde.

Dann hängten sie einen wagenradgroßen Judenstern, der sich im Innern der Synagoge befunden hatte, zum Fenster hinaus, begossen ihn mit Benzin und setzten ihn in Brand.

Die Sirene heulte und die Feuerwehr rückte an. Aber nicht zum löschen. Ihre Arbeit bestand darin, die beidseitigen Giebel und Dächer der Anlieger mit Wasser zu bestrahlen, damit sie sich nicht entzündeten, denn die Synagoge brannte mittlerweile lichterloh.

Die Nachbarschaft war aufgefordert worden, aufgrund der enormen Hitze, die Fenster zu öffnen, damit sie nicht zerspringen.

Für mich als siebenjähriges Mädchen war das ein großes Schauspiel. Die Tragik wurde mir erst viel später bewusst.

Die Illinger Synagoge vor 1938.
Copyright: Gemeinfrei / www.alemania-judaica.de

Historische Postkarte von Illingen vor dem Krieg.
Die Aufnahme zeigt auch die Synangoge vor der Zerstörung
– das große Haus Mitte rechts.

Die Synagogenruine in einer Aufnahme von 1949.
Quelle: aus E. Tigmann, „Was geschah..."

Die Westwallfahrer

Im darauffolgenden Jahr hatten wir Krieg. Dann die erste Einquartierung: Zwei Männer aus München, die für den Westwall, der im Bau war, LKW fuhren. Die beiden hatten Familienanschluss gefunden bei uns und ließen etwas später ihre Frauen nachkommen. (Ein paar Leute mehr im Haus.)

Nach ca. zwei Jahren mussten beide an die Front und die Frauen gingen zurück nach München. Wir hatten bis lange nach dem Krieg weiterhin Kontakt.

Auch mein Bruder und mein Schwager waren im Krieg. Noch merkten wir nicht sehr viel davon.

Im Radio folgte eine Sondermeldung nach der anderen. Viel Propaganda und von immer neuen Siegen war die Rede. Man durfte keine sogenannten feindlichen Sender hören. Die Strafen darauf waren streng. Die Leute taten es trotzdem, nachts und heimlich, hauptsächlich je länger der Krieg dauerte, denn da erfuhren sie manch Unliebsames, was man uns immer vorenthielt.

Auf den Radios, den sogenannten Volksempfängern, war ein Warnhinweis vor dem Hören von Feindsendern angebracht.

Alles änderte sich

Unser katholischer Kindergarten im Pfarrheim unter Leitung einer Nonne war geschlossen worden. Stattdessen hatten sie einen neuen NSV Kindergarten (Nationalsozialistische Volkswohlfahrt) in der alten Jugendherberge eingerichtet.

Nun hieß es nicht mehr „Grüß Gott Schwester Cherubima", da wurde mit „Heil Hitler Tante Erika" gegrüßt. Auch in den Schulen musste mit „Heil Hitler" und erhobener Hand gegrüßt werden.

Im unteren Geschoss hatte die Hitler-Jugend ihre Räume. Viele dieser jungen Burschen, sie zogen immer, das „Horst-Wessel-Lied" singend, an unserem Haus vorbei, wurden als der Krieg schon fast zu Ende war noch eingezogen und kamen ohne Ausbildung und Erfahrung meistens zur Flak.

Sie waren 16 oder 17 Jahre alt. Die meisten von Ihnen sind gefallen - „Kanonenfutter", sagte man.

Als ich einmal unseren Herrn Landmesser, der ein Nachbar von uns war, mit „Guten Tag" grüßte, fragte er mich streng, ob ich nicht wüsste, wie ein deutsches Mädchen zu grüßen hätte. Ja, so war das damals.

Junge Mädchen, die aus der Schule kamen, mussten ein Landjahr absolvieren. Das heißt, sie mussten ein Jahr lang bei einem Bauern in der Landwirtschaft helfen. Alles änderte sich. Wir hatten Lebensmittelkarten bekommen und alles war streng eingeteilt. An allen großen Wänden, sah man riesige Plakate mit der Aufschrift „Feind hört mit".

An den Zügen waren große Aufschriften „Räder müssen rollen für den Sieg".

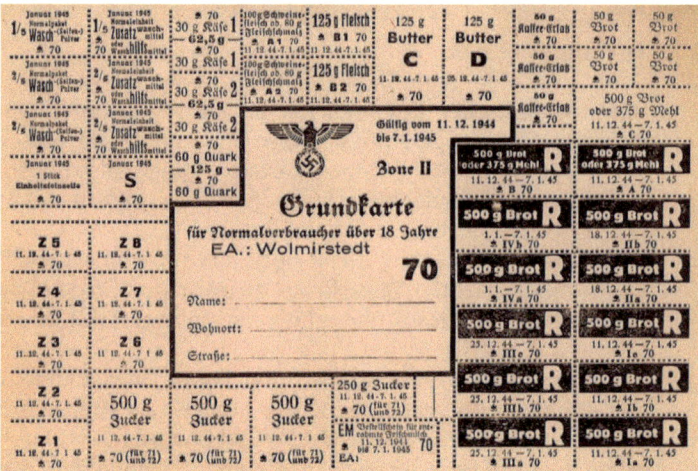

Archivbild: Lebensmittel Grundkarte (hier aus Wolmirstedt).
Quelle: Museum Wolmirstedt (RR-F)

Wieder Einquartierung

Dann kamen die Quartiermacher. Sie inspizierten das Haus und wieder hieß es: „Platz für wenigstens zwei Soldaten". Auf dass das Haus voll werde.

Mein Vater hatte zwei meiner Kusinen, eine aus Wiesbach, eine aus Kutzhof, bei der Post untergebracht, damit sie nicht in die Rüstungsindustrie mussten. Ich weiß heute nicht mehr, wo wir alle Platz hatten, denn die beiden wohnten eine Weile auch bei uns.

Keller wurden ausgesucht, die sich für den Schutz vor Bombardierung eigneten und die Häuser gekennzeichnet. Bei uns stand zum Beispiel in großen Blockbuchstaben am Sockel: „Luftschutzraum für 8-10 Personen".

Den ersten Fliegeralarm erlebte ich im Alter von neun Jahren in Bad Friedrichshall, wo ich durch die Post-Krankenkasse hingekommen war, weil ich so ein schwächliches Kind war. In der Nacht heulten die Sirenen. Wir mussten bereitgelegte Wolldecken nehmen und in den Luftschutzkeller laufen. Zum Glück erfolgte kein Angriff.

Wieder zu Hause gab es auch öfter Alarm, aber bei uns auf dem Land ging es immer noch gut aus.

Alles wird knapper

In den nächsten Jahren wurden die Lebensmittel immer knapper. Man musste sehen wie man zurecht kam. Die Zuteilungen auf die Lebensmittelkarten reichten hinten und vorne nicht. Nun waren wir auf dem Lande weit besser dran als die Städter. Jeder hatte seinen Garten, Rasen gab es nicht zu mähen und man pflanzte alles an was essbar war. Aber je länger der Krieg dauerte, desto enger wurde es. Ich ging damals, ich war inzwischen 12 Jahre alt, liebend gern mit den Bauern zum Heumachen. Alles von Hand natürlich. Die Bäuerin, gab uns immer gut belegte Brote und in Milchkannen feinen Milchkaffee mit. Da machte die Arbeit Spaß.

Im Herbst gingen wir immer zum Ährensammeln auf die Felder, die gerade abgeerntet waren. Oft fanden wir noch einen ganzen Korb voll. Wir droschen die Ähren zuhause mit einem Knüppel aus und siebten dann die Körner raus. Diese mahlten wir mit der Kaffeemühle, natürlich von Hand, was eine mühsame Arbeit war. Dann wurde noch einmal gesiebt, diesmal etwas feiner. Wir hatten Mehl. Die im Sieb verbliebene Grütze wurde mit Milch aufgekocht, etwas Zucker daran, das ergab einen leckeren Brei. Wir hatten immer Hühner, ein bis zwei Schweine und eine Ziege im Stall.

Einmal im Jahr war Viehzählung. Die Tiere mussten alle angegeben werden. Das war immer so eine Sache. Da wurde gemogelt und geschummelt auf Teufel komm raus. Da wurde ein Schwein angegeben, das andere versteckt und dann heimlich geschlachtet. Dabei musste man höllisch dichthalten, sonst wurde man bestraft und bekam keine Lebensmittel mehr. Bei Verdacht auf Schwarz-Schlachtung machten sie auch manchmal Hausdurchsuchungen.

Ich kann mich erinnern, dass mein Vater Dosenfleisch, dass wir eingekocht hatten, in den Rollladenkästen versteckte. Auch die Hühner wurden gezählt, aber nie alle angegeben. Der Entzug der Lebensmittelkarten wäre ein Drama gewesen.

Von Zeit zu Zeit gab es Sonderzuteilungen. Da war zum Beispiel einmal ein Aufruf, dass es Fisch gäbe. Das gab es dann immer nur in einem bestimmten Geschäft. Damals war es am Grünenberg.

Ich war immer diejenige, die sich anstellen musste. Diesmal bekam man ein ganzes Eimerchen voll, aber was war es? Es waren kleine, etwa 15cm lange gesalzene Fischchen, die man so gar nicht essen konnte. Mein Vater hatte eine gute Idee. Er wässerte sie zwei Tage lang, trocknete sie und räucherte sie in unserem Rauchhaus. Nach dieser Behandlung schmeckten sie recht gut. Zu dieser Zeit schmeckte alles was satt machte.

Wenn meine Mutter mich zum Einkaufen schickte, drückte ich mich immer so lange herum, bis ich Gelegenheit fand, heimlich auf den Speicher zu gehen. Dort hingen die geräucherten Hausmacher. Ich riss mir dann immer einen von der Stange ab und steckte ihn in die Tasche. Erst dann ging ich einkaufen. Mit dem Blick zurück, bis man mich vom Haus aus nicht mehr sehen konnte, aß ich dann mein Würstchen ohne Brot. Mama hat es nie gemerkt, oder tat sie nur so?

Die Bäcker backten nicht jeden Tag Brot, denn auch sie bekamen immer nur ein bestimmtes Kontingent an Mehl. Wenn Backtag war, schickte man mich auch wieder Stunden vor der Öffnung hin. Alle taten das. Da waren oft 30 Meter lange Schlangen, die anstanden. Ich nahm mir immer Häkelzeug mit, dann war die Sache nicht so langweilig.

Der Organisator

Während mein Bruder an der Ostfront kämpfte, war mein Schwager in Frankreich stationiert. Er war einem Offizier als Fahrer zugeteilt und hatte viel Zeit zwischen den Fahrten und Wartezeiten. Er fand Gelegenheit Kontakt zu den Menschen dort aufzunehmen. Er konnte das besonders gut. Bald taten sich ihm diverse Quellen auf. Er war der geborene Organisator.

Wöchentlich kamen Pakete und auch Kisten von ihm mit allem nur Erdenklichen. Einmal schickte er uns zwei große Holzkisten mit Ölsardinen und Salami. Ein Teil der Sardinen, es waren viele, tauschten wir beim Bäcker gegen Brot, denn Brot war immer sehr knapp. Ein andermal schickte er Stoffe und Filzstumpen. Das sind Rohlinge, um Hüte zu pressen. Damals gab es noch Putzmacherinnen, die daraus wunderschöne Damenhüte fertigten.

Das waren fabelhafte Tauschobjekte für alles Mögliche. Bei einem solchen Tauschgeschäft hatte meine Mutter auch den Stoff für mein Kommunionkleid und ein Paar weiße Leinenschuhe eingetauscht. Aber dann die Krönung: Mein Schwager hatte eine

Molkerei entdeckt, wo er wöchentlich Butter bekam. Jede Woche kamen also regelmäßig Päckchen, die immer mit blauem Wachspapier verpackt waren. Es waren jedes Mal zwei Päckchen zu je 1kg.

Da mein Vater auf der Post arbeitete und diese blauen Päckchen seinen Kollegen spanisch vorkamen, sagte einmal eine Kollegin: „Mein Gott Herr Steil, wenn das alles Butter wäre", und mein Vater sagte: "Das ist Butter", was ihm natürlich keiner glaubte. Butter war Fett und Fett war lebensnotwendige Mangelware. Damals hatte keiner Gewichtsprobleme. Meine Mutter ließ die Butter aus, sonst wäre sie ja ranzig geworden und machte sie in irdene Töpfe, oben schön zugebunden. So hielt sie sich lange und oft betrachtete sie voller Stolz ihre Butterschmalztöpfe.

Eine gefahrvolle Reise

Jetzt hatten wir öfter Fliegeralarm, aber noch bleiben wir verschont. Ich habe noch nicht erzählt, dass Verdunkelung ein unbedingtes Muss war. Wer keine Läden hatte, musste schwarze Zuziehgardinen haben. Es durfte kein Lichtschein nach draußen fallen wegen der Flieger. Es gab keine Straßenbeleuchtung und die wenigen Autos, meist Militärfahrzeuge, hatten Blendkappen über den Scheinwerfern. Eines Tages erhielten wir die Nachricht, dass mein Bruder verwundet sei und in einem Militärlazarett in Bad Ems liege.

Es war seine erste Verwundung und er hatte geschrieben, dass es nicht so schlimm sei. Zu Hause wurde beschlossen, dass meine Schwester und ich ihn besuchen sollten. Wir fuhren los. Im Zug kamen wir bis Mainz, wo es einen Fliegeralarm gab. Wir mussten den Zug verlassen und vor dem Bahnhof in einen Luftschutzraum. Die Flak fing wie immer an zu ballern, während wir über den Bahnsteig rannten. Plötzlich schrie eine Frau: „Mein Auge, mein Auge:" Blut lief ihr übers Gesicht, ein Splitter hatte sie getroffen. Wir eilten weiter bis wir endlich im Schutzraum waren. In der Stadt fielen Bomben und es dröhnte und krachte überall. Wir hatten große Angst.

Ich weiß nicht mehr wie lange der Angriff dauerte, aber als wir zum Zug zurückdurften, sah ich die verletzte Frau wieder. Sie saß jetzt in der Bahnhofsmission und trug einen dicken Kopfverband.

Die Fahrt ging weiter durch die Rheinebene. Plötzlich Stopp. Flieger. Raus aus dem Zug und in die Spargelfelder, wo zu dieser Jahreszeit der Asparagus ca. 80 Zentimeter hoch stand. Darin versteckten sich alle. Ein Bombengeschwader flog über uns hinweg, griff aber nicht an. Ich werde die Angst und das Brummen der Flieger, das man schon von weitem hörte, nie vergessen. Als sie weg waren, ging die Fahrt weiter.

Am Ziel angekommen, besuchten wir zuerst unseren Bruder. Seine Verwundung war tatsächlich nicht schwer. Ich weiß heute nicht mehr was es war. Die zweite Verwundung später, kurz vor Kriegsende, war sehr viel schlimmer. Damals verlor er fast sein Bein. Er musste stets einen Stützapparat und orthopädische Schuhe tragen.

Doch zurück zu unserer Reise. Da wir am gleichen Tag nicht mehr zurückfahren konnten, suchten wir uns eine Pension. Meine Schwester hatte vor Geschäftsschluss noch Brot gekauft - auf Brotmarken versteht sich. Die konnte man an den Lebensmittelkarten abtrennen. 150g pro Person, also 300g. Es waren kleine, dünne Vollkornschnitten, die ich bis dahin weder gesehen noch gegessen hatte. Während meine Schwester mit der Hauswirtin plauderte, überkam mich der Hunger und das Brot ließ mir keine Ruhe. Ich mopste mir eine Scheibe und glaubte, noch nie etwas so Köstliches gegessen zu haben.

Noch eine Scheibe, dachte ich, aber wirklich nur noch eine, dann ist Schluss. Ich musste mich so beherrschen, denn es war doch so wenig und meine Schwester sollte es nicht merken.

In der Nacht wurden wir von Sirenen geweckt. Ich habe noch nicht erzählt, wie der Alarm funktionierte: Erst gab es Voralarm, das war ein Heulton. Dann hörte man meistens ein einzelnes Flugzeug, das war der Aufklärer. Danach heulte die Sirene ein paar Mal hintereinander, das hieß Hochalarm. Bei Entwarnung war es ein langgezogener Dauerton. Wir liefen also in den Luftschutzkeller, bis unser Hauswirt sagte, dass wir nach oben könnten und für uns keine Gefahr besteht. In dieser Nacht bombardierten sie Darmstadt.

Natürlich gingen wir nicht ins Bett, man konnte ja nie wissen. Wir blieben bei unseren Hauswirten und konnten durch die Fenster in der Ferne die Helligkeit und den Lichtschein sehen, die sich die Flieger mit dem Abwurf so genannter Christbäumchen schufen. Das waren, wie soll ich sagen, kleine dicht zusammenhängende Lichter-ketten. Die warfen sie immer bei Großangriffen ab, um besser zu sehen.

Wir konnten das Bomben und Dröhnen der Flugzeuge wie am Morgen in Mainz hören. Es war furchtbar.

Am nächsten Tag fuhren wir ohne weitere Zwischenfälle wieder Heim und beruhigten unsere Eltern, dass es nicht schlimm wäre mit unserem Bruder. Wenige Wochen später verbrachte er seinen Genesungsurlaub zuhause. Dann musste er wieder an die Front.

Der Gefangene

Eines Tages wurde ein großer Trupp russischer Gefangener durch unsere Straße getrieben. Viele von ihnen hatten nur Lumpen um die Füße gewickelt und sahen elend und müde aus.

Ich hatte großes Erbarmen und musste weinen. Sie wurden nach Göttelborn gebracht, wo ein großes Gefangenenlager war. Dort mussten sie in der Grube arbeiten.

Sonntags hatten sie Freigang und eines Tages stand ein junger Russe an unserem Hoftor. Er sah meine Mutter und fragte sie nach Brot. Sie machte ihm ein dickes belegtes Brot und als er dankbar sagte: „Du gute Mutter", machte sie ihm deutlich, dass auch sie einen Sohn in Russland habe und sie sich wünsche, er möge auch an gute Menschen geraten.

Von da an kam er jeden Sonntag und Mama gab ihm auch öfter ein warmes Essen. Das geschah immer heimlich hinter dem Hoftor, denn es war streng verboten. Eines Tages kam unser Ortsgruppenleiter (auch einer von Hitlers SA-Männern), ein ganz scharfer sogar und sagte er habe gehört, meine Mutter füttere einen Russen. Wenn ihm das noch einmal zu Ohren käme, würde er dafür sorgen, dass sie hinkäme, wo sie hingehöre. Vorsicht war geboten.

Russische Kriegsgefangene warten auf Essensausgabe.
Copyright: P. Cawler (via WikimediaCommons), CC BY-SA 4.0

Fliegeralarm

Es gab jetzt immer häufiger Fliegeralarm und ab und zu fielen auch Bomben. Aber das sollte sich ändern. Viele deutsche Großstädte wurden jetzt bombardiert. Meine Mutter ging nie mit uns in den Keller. Der war von meinem Vater unserem Mieter der Bergmann war, bestens ausgebaut und abgestützt. Es stand sogar ein Ofen drin und Vater hatte für alle Fälle ein Etagenbett gezimmert.

Mama lief bei jedem Alarm, der natürlich auch jedes Mal ausgelöst wurde, wenn Bomberverbände über uns hinwegflogen, in den „Bolle-Stollen." Das war ein alter Grubenstollen der von Gennweiler, in der Nähe des Reitplatzes, bis nach Reden führte. Er war im vorderen Teil als Luftschutzbunker ausgebaut und rechts und links mit Bänken versehen. Wir konnten sie auf keinen Fall bewegen zu bleiben. Stets hatte sie ihre Tasche dabei mit ihr wichtig erscheinenden Papieren und ihrem Kaffee, Bohnenkaffee wohlbemerkt. Niemand kannte die Quelle woher sie ihn bezog. Es war nur eine kleine Reserve - ihre eigene. Wir tranken Muckefuck, Malzkaffee und als auch der knapp wurde, rösteten wir Gerstenkörner auf dem Backblech und mahlten sie in der Kaffeemühle, natürlich manuell, was auch nicht ganz stimmt, denn die Kaffeemühle wurde zwischen den Knien gehalten und im Sitzen bedient.

Als ich Mama einmal fragte, was wäre, wenn wir zuhause alle getötet würden, während sie im Stollen säße, sagte sie, „dann möchte ich auch nicht mehr leben."

„Na also", meinte ich, dann könne sie gleich bei uns bleiben.

Die Not wird größer

Es gab fast nichts mehr. Pullover wurden aus aufgezogenen Zuckersäcken gestrickt, die kratzten höllisch und warm hielten sie auch nicht. Man ribbelte alles auf, was je gestrickt worden war und verknotete es um Neues zu stricken. Selbst in schmale Streifen geschnittene Mullbinden mussten dazu dienen. Strümpfe gab es schon lange nicht mehr zu kaufen und so nähte Mama unten neue Sohlen dran. Das war eine besondere Fertigkeit, mit Spitzen und Fersen, die man können musste. Für Kleidung bekam man Bezugsscheine, aber es war Glückssache etwas zu ergattern.

Meine Kusinen wohnten nun nicht mehr bei uns. Sie hatten irgendwie Fahrräder aufgetrieben und fuhren nach ihrem Postdienst nachhause.

Dafür wurde wieder Platz für mehr Soldaten. Ich erinnere mich an einen, der ziemlich am Anfang des Krieges bei uns war. Er war Kavallerist und seine Einheit hatte die Pferde beim Bauern Schütz abgestellt. Er nahm mich oft mit. Ich war damals neun Jahre alt und ich durfte dann auf seinem Pferd sitzen, während er es herumführte. Er nannte mich Struppi, ich erinnerte ihn an seine kleine Schwester. Er schrieb später immer an meine Adresse, was mich sehr stolz machte. Von jedem Standort eine Karte. Er hieß mit Nachnamen Reis, den Vornamen habe ich vergessen. Auch ich schrieb ihm von Zeit zu Zeit. Aber eines Tages, der Krieg war schon weit fortgeschritten, kam meine Karte zurück. Vermerk: „Vermisst in Stalingrad".

Wir haben nie mehr von ihm gehört.

Damals in Stalingrad 1943 wurde eine ganze Armee eingeschlossen und musste kapitulieren. Von ihnen hat so gut wie keiner überlebt. Die meisten starben auf dem Weg nach Sibirien. Ein anderer Soldat, er stammte aus dem Riesengebirge, schenkte mir zu Weihnachten ein dickes Buch: „Rübezahl". Ich war eine richtige Leseratte und darüber sehr glücklich. Mit vielen unserer Soldaten hatten wir noch lange nach dem Krieg freundschaftlichen Kontakt.

Die ersten Flüchtlinge

Eines Tages mussten wir die ersten Flüchtlinge aufnehmen. Es war ein älterer Mann mit Frau und einem großen Schäferhund. Es waren keine netten Menschen. Sie vertrugen sich auch überhaupt nicht mit unseren Soldaten. Der Hund ging ihnen über alles. Sie saßen mit uns am Tisch und der Hund durfte ihre Teller auslecken. Pfui, das ging uns ganz und gar gegen den Strich. Er durfte sogar auf dem Sofa, es war ein sehr schönes, schlafen. Es war nach ihrem Auszug ruiniert. Zu einem unserer Soldaten, der sich mal über den Hund beschwerte, weil er ihn fast umgeworfen hatte, sagte der Mann: „Wer meinen Hund beleidigt, der beleidigt auch mich."

Einmal kam deren Sohn, der auch Soldat war, hierher auf Urlaub. Der Junge Mann verstand sich auch nicht mit ihnen und erzählte meiner Mutter, dass bei seinen Eltern erst der Hund käme und dann er. Er tat uns sehr leid.

Glücklicherweise gingen sie nach etwa einem Jahr wieder weg. Wohin weiß ich nicht mehr. Es gibt überhaupt vieles was ich vergessen habe und es gibt niemanden mehr, den ich fragen könnte.

Ein Flieger wird abgeschossen

Es war irgendwann im Sommer. Es waren wieder Flieger da und die Flak ballerte wie immer. Da es kein Angriff war und die Flieger nur über uns hinwegflogen, beobachteten wir, wie die Flak tatsächlich einen traf. Zwei Mann sahen wir mit dem Fallschirm runterkommen. Es war in der Nähe des Hirschenhübels, wo sie aufgefangen wurden. Das Flugzeug aber stürzte, wie wir glaubten, hinter Wemmetsweiler ab.

Als die Flieger weg waren, liefen wir, das heißt, ein ganzes Rudel Kinder, in Richtung Wemmetsweiler, um das abgestürzte Flugzeug zu sehen. Aber in und hinter Wemmetsweiler war nichts. Wir liefen und liefen bis nach Schiffweiler an die alte Mühle, dort war es abgestürzt. Aber es war alles abgesperrt, sodass wir außer ein paar Wrackteilen nichts sahen.

Der Heimweg war weit weniger interessant, aber lang.

Linsensuppe mit Einlage

Wir hatten einen alten Schlager umgetextet und sangen oft, wenn es mal wieder eine Sonderaktion gab: „Es geht alles vorüber, es geht alles vorbei, im Monat Dezember gibt's wieder ein Ei."

Wir bekamen also mal wieder eine Sonderzuteilung. Aber was es diesmal war, war wohl das Letzte. Es waren Linsen. Wenn wir heute an unserem Frauentreff davon erzählen, brechen wir jedes Mal in Gelächter aus, denn die haben alle die gleiche Erfahrung gemacht. Die Linsen waren so zerfressen von kleinen Käferchen, dass man sie erst einmal aussortieren musste. Dann saß die ganze Familie um den Tisch herum. Die Linsen wurden ausgeschüttet und dann ging's wie bei Aschenputtel: „Die Guten ins Töpfchen, die Schlechten nicht in unser Kröpfchen", um Himmelswillen nicht, die bekamen die Hühner.

Die angefressenen Linsen hatten seitlich eine runde Einkerbung, dort saß das winzige schwarze Käferchen drin. Es war eine mühselige Arbeit und zum Schluss war noch etwa die Hälfte übrig. Man konnte so sorgfältig wie möglich sortieren, wenn die Suppe gekocht war, schwammen immer noch ein paar schwarze Punkte obendrauf. Die wurden abgeschöpft und damit basta. Niemand hätte die Suppe ausgeschüttet. Die Suppe wurde gegessen. Ähnlich erging es uns mit einer Zuteilung Sojabohnen. Die waren sogar noch mehr zerfressen, aber die waren größer.

Aber im Gegensatz zu den Linsen schmeckten sie gar nicht gut. Gegessen wurden sie trotzdem, denn Hunger ist bekanntlich der beste Koch.

Vielleicht versteht ihr jungen Leute nun, warum Oma nie was ausschüttet, was noch verwendbar ist.

Der Kartoffelkäfer

Nun kam noch eine ganz andere Plage auf uns zu: der Kartoffelkäfer. Die Kartoffeln waren so knapp, dass man es kaum schildern kann. Meine Eltern gingen darum immer mit den Bauern zum Kartoffeln ausmachen und bekamen dann auch welche zum Lohn. Kartoffeln müsst ihr wissen, waren damals im Gegensatz zu Heute ein Hauptnahrungsmittel. Auch pflanzten wir soviel wie möglich in unserem Garten an. Wir Kinder gingen nach der Ernte über die leeren Felder „stoppeln", so nannte man das. Man sammelte die winzig kleinen, liegengebliebenen Kartoffeln und brachte oft ein bis zwei Mahlzeiten nachhause. Die wurden gekocht, gepellt und dann im Ganzen gebraten. Das war lecker. Aber in den Städten, wo so etwas nicht möglich war, sah es trübe aus.

Ein Kartoffelkäfer.
Quelle: F. Geller-Grimm (Wikimedia Commons) / CC BY-SA 3.0

Und nun dieser Kartoffelkäfer, ein bis dahin nicht gekanntes Übel. Man sagte, die Amis hätten ihn abgeworfen und er hätte sich vermehrt und ausgebreitet. Insektizide gab es nicht. Also mussten die Schüler ran. Mit Flaschen und anderen Gefäßen mussten wir in die Äcker. Jeder hatte seine Furche zu gehen und einzusammeln. Die Käfer gingen ja noch. Aber die Larven. Die waren rot, dick und hässlich. Ich streifte sie immer mit dem Blatt über den Flaschenhals. In der Flasche wurden sie durch die Wärme noch dicker und hässlicher, Ich ekelte mich so sehr, dass ich abends nichts mehr essen konnte. Es war eine scheußliche Arbeit, im Gegensatz zu der nächsten.

Nun ging es darum Heilkräuter zu sammeln, für unsere Soldaten. Wir zogen klassenweise durch Feld und Wald. Kamille, Huflattich, Schafgarbe und Katzenschwanz, alles wurde gesammelt und sortiert.

Das war eine schöne Aufgabe, bei der wir oft gesungen haben. Eine Mitschülerin und ich sangen gerne zweistimmig das Lied: „Von meinen Bergen", darin kam eine Zeile vor: „Wenn die Sonne lacht so klar, treten wir zum Traualtar". Dann wurde unsere Lehrerin, ein älteres Fräulein, jedes Mal zornig und rief uns wütend zu: „Ihr werdet ja noch früh genug zum Traualtar kommen."

Ihr müsst wissen, Lehrerinnen durften zu meiner Zeit nicht heiraten. Taten sie es doch, mussten sie ihre Stelle aufgeben. Der Krieg hatte auch gute Seiten, denn wenn wir sammeln gingen, hatten wir keine Schule.

Nahrungsbeschaffung und Existenzkampf

Es war die Zeit der Kirschenernte. Da hieß es, in Ingelheim gibt's Kirschen noch und noch, man müsse sie nur selbst pflücken.

Ganze Karawanen fuhren mit den Zügen dahin. Auch mein Vater machte sich auf den Weg. Kein Samsonite-Koffer, nein Pappmascheekoffer hatte man mit und die waren dann immer vom Kirschsaft völlig aufgeweicht. Die Kirschen wurden eingeweckt und wenn man sich etwas Zucker eintauschen konnte, gab es auch mal Marmelade. Nach Heilbronn fuhr man, da gab es Salz. Ganze Säcke voll brachte mein Vater heim. Das Salz wiederum wurde verscherbelt gegen etwas anderes.

Wenn ich nun schon mal bei der Nahrungsbeschaffung bin, will ich noch zwei bis drei Jahre vorgreifen, wo es schon langsam gegen Kriegsende ging. Da hieß es, in Bachem gibt es Äpfel. Meine Mutter suchte die Babysachen meiner kleinen Nichte, wusch und besserte sie aus. Das waren klasse Tauschobjekte. Ich durfte im Güterwagen mitfahren und die ganze Fahrt über stehen. In Bachem hatten wir Glück. Im ersten Bauernhaus das wir betraten, wurden wir fündig. Die Tochter war schwanger und konnte die Sachen gut gebrauchen. Mit prall gefüllten Taschen und Koffern kamen wir heim. Außerdem hatte uns die Bäuerin noch etwas Mehl und Speck mitgegeben.

Dieser Existenzkampf sollte noch ein bis zwei Jahre nach dem Krieg andauern.

Die Menschen fanden immer neue Beschaffungsmöglichkeiten. Diesmal waren es Bucheckern. Wieder waren es Karawanen, die loszogen. Es ging nach Wustweiler. Dort strömten sie in die Buchenwälder.

Meine Schwester und ich mit von der Partie. Es war Herbst, die Buchen hatten ihre Ecker abgeworfen. Auf knien rutschend scharrten wir im Laub wie die Hühner und sammelten diese kleinen Dinger ein. Hatte man einen Zentner und gab ihn in der Ölmühle ab, bekam man einen Liter Öl, das war enorm. Das Sammeln machte viel Spaß, es wurde viel gescherzt und gelacht. Unsere Brote hatten wir auch dabei und selbstverständlich warmen Tee, denn die Sache dauerte Stunden.

Wir waren oft sammeln, aber ob wir je einen Zentner zusammen bekamen, weiß ich nicht mehr. Unsere Hände und Fingernägel hätten hinterher immer ein Palmolive-Bad vertragen, aber da gab es nur diese fürchterliche KA Seife. Die war graugrün wie Kitt und schäumte fast gar nicht. Und ob ihr es glaubt oder nicht, damit mussten wir auch unsere Haare waschen, denn Shampoo gab es keins damals.

Wie das Haar hinterher aussah, könnt ihr euch denken. Jetzt, wo ich Seife erwähnt habe, muss ich daran denken, wie meine Mutter selbst Seife kochte. Meistens wenn wir geschlachtet hatten. Da wurden die Knochen mit was weiß ich aufgekocht und das stank abscheulich. Aber es wurde Seife und es war weitaus besser als sogenannter K.A.-(Kriegsausschuss)-Seife.

Vorsicht Kohleklau

Ich hatte schon von den Plakaten erzählt. Neue riesige waren hinzugekommen, diesmal zeigten sie schemenhaft einen gebeugten Mann mit einem Sack auf dem Rücken.

Überschrift: „Vorsicht, Kohlenklau."

Es gab kaum noch Kohle oder Brennmaterial. Bei uns war es wieder nicht so schlimm, aber in den Städten verbrannten sie schon Stühle oder rissen Holzfußböden heraus, um damit zu heizen. Die Winter waren damals noch viel strenger, kälter und es gab viel Schnee.

Was hätte ich für ein Paar warme Schuhe gegeben. Ich hatte ewig Frostbeulen an den Füßen. Das kam daher, dass ich meine Füße immer am Backofen wärmte. Man setzte sich davor, es waren natürlich Kohleöfen und streckte die Füße hinein. Das war ein wonniges Gefühl. Hätte man jetzt noch etwas zu naschen gehabt, hätte man den Krieg glatt vergessen können.

Mein Vater hatte, Gott weiß woher, Leder aufgetrieben. Ich sollte Schuhe davon bekommen. Mir gefiel es nicht, denn es war schwarz, aber sehr weich. Also gut zu verarbeiten.

In Uchtelfangen gab es einen Schuster, ich weiß heute noch seinen Namen. Quinten hieß er. Zu ihm gingen mein Vater und ich. Vater hatte ihm Naturalien als Arbeitslohn versprochen. Er nahm Maß und sagte, wann sie fertig seien. Ich wartete sehnlich auf den Tag, um sie abzuholen, aber sie waren noch nicht fertig.

Eine Woche später war es dann so weit. Aber als ich sie sah, musste ich mir das Weinen verbeißen. Sie waren so einfach und hässlich wie ich noch keine gesehen hatte. Sie waren mir zu groß und der Vorfuß war so lang, dass es aussah, als hätte ich Schuhe von meinem Vater an. Und dafür war ich zweimal nach Uchtelfangen gelaufen. Ich habe sie nie getragen.

Heute muss ich dabei an ein Zitat von Helen Keller denken: „Ich weinte, weil ich keine Schuhe hatte, bis ich einen sah, der keine Füße hatte."

Meine Mutter hatte eine Soldatendecke bekommen, die nicht so steif und dick war. Davon wurde ein Mantel geschneidert. Wenigstens etwas, was warmhielt.

Sein Magen knurrt, sein Sack ist leer,
und gierig schnüffelt er umher.
An Ofen, Herd, an Hahn und Topf,
an Fenster, Tür und Schalterknopf
holt er mit List, was Ihr versaut.
Die Rüstung ist damit beklaut,
die auch Dein bißchen nötig hat,
das er jetzt sucht in Land und Stadt.

Fasst ihn!

In den Zeitungen steht mehr über ihn!

Plakat zur Propagandakampagne über den „Kohlenklau".
Copyright: Gemeinfrei

Die Sumpfbiber

Meine Verwandten aus Reisbach wurden evakuiert. Sie zogen nach Bayern. Einer Kusine, die vier Kinder hatte, war die Reise mit den Vieren zu beschwerlich und meine Mutter nahm auch sie auf. Wieder ein paar Leute mehr im Haus. Der älteste Junge war zwei Jahre jünger als ich, die anderen wie die Orgelpfeifen nach unten. Und wieder ein paar Mäuler zu stopfen. Womit wir wieder beim Thema Nahrungsbeschaffung wären. Es war im Jahr zuvor, da fuhren Mama und ich, die Schwester dieser Kusine, welche auch meine Patin war, besuchen. Die hatten eine kleine Nutriafarm. Nutrias sind Sumpfbiber, halb so groß wie normale Biber. Sie haben lange gelbe Zähne und Mama sagte, sie sähen wie große Ratten aus. Sie bekamen pro Fell zwanzig oder dreißig Reichsmark. Das Fleisch, man höre und staune, konnte man essen. Igitt denke ich Heute.

Zur Feier unseres Besuchs wurde geschlachtet. Ich weiß nicht wie viele, schließlich hätte so ein kleines Tier nicht für alle gereicht. Ich muss sagen, gebraten und mit Soße schmeckte es nicht schlecht.

Wieder Zuhause angekommen, bekam Mama Gallenkolik, weil sie sich ohne es dort sagen zu wollen, schrecklich gegruselt hat. Wenn ich heute eine Nutria Pelzjacke sehe, muss ich immer daran denken. Ein anderes Mal, mein Vater hatte im Illstrich eine Wiese gepachtet, wo wir das Heu für unsere Ziege machten. Er hatte früh am Morgen gemäht, selbstverständlich von Hand und wir beide gingen nachmittags hin, um das Heu zu wenden.

In einem Graben neben dem Feldweg fanden wir einen Hasen, den kurz zuvor ein Fuchs oder ein Hund gerissen hatte. Er blutete, war natürlich tot und was wichtig war, er war noch warm. Es konnte also noch nicht lange her sein.

Mein Vater packte ihn in den Korb, den wir dabei hatten, deckte ihn mit Gras zu, damit es keiner sah und schlachtete ihn daheim. Das war ein leckerer Braten außer der Reihe. Ebenso freuten wir uns um die Ostern immer auf die Zicklein, die unsere Ziege um diese Zeit machte. Meistens waren es zwei Stück. Sie taten uns zwar leid aber mein Vater ließ sie immer von unserem Nachbarn schlachten. Er selbst hätte es nicht übers Herz gebracht. Das war immer eine wunderbare Bereicherung auf unserem kargen Speiseplan.

Die Leute erzählten, dass man aus Taubnesseln Gemüse bereiten könne, ähnlich wie Spinat. Ich wurde zum sammeln geschickt. Aber als wir das Zeug kochten, roch es so fürchterlich, dass wir es ausschütteten.

Nun könnte ich euch auch viel Schönes aus meinen Kindertagen erzählen, aber ich will mich darauf beschränken, nur Kriegserinnerungen zu erzählen.

Ein Sumpfbiber (Nutria).
Copyright: Matteo de Stefano (Wikimedia Commons) / CC B-SA3.0

Bomben auf Dirmingen

Eines Tages wieder einmal Fliegeralarm. Erst Aufklärer, dann Bomber. Diesmal war es ernst. In Dirmingen warfen sie bei der alten Mühle Bomben ab. Wieviel Tote es da gab, weiß ich nicht mehr. Vater fuhr mit dem Fahrrad und mir am folgenden Tag hin. Es sah sehr schlimm aus. Mehrere Häuser lagen in Schutt und Asche. Jeder rätselte, was die Flieger da vermutet hatten.

Die Grube Göttelborn wurde jetzt häufig bombardiert. Wir sahen dann von unserem Garten aus, wenn die Flieger die Bomben ausklinkten und wie immer zwei zu Boden fielen, dann das Dröhnen des Aufschlags.

Bei einem solchen Angriff auf Göttelborn, ich greife jetzt wieder vor, es war vier Monate vor Kriegsende, verlor mein Onkel aus Wiesbach sein Leben. Es war gerade Schichtwechsel und die letzten Kumpel waren auf dem Weg zum Tor, als die Flieger kamen und Bomben warfen. Mein Onkel, der noch Deckung hinter Holzstapeln suchte, wurde durch einen Splitter tödlich ins Herz getroffen. Mit ihm kamen noch weitere fünfzehn Männer ums Leben. Darunter allein fünf aus Wiesbach.

Archivbild: Ein US-Bomber bombardiert ländliches Gebiet.
Copyright: US Air Force, Public Domain

Großangriff auf Saarbrücken

Der Krieg wurde immer grausamer, je länger er dauerte. Meine Mutter bangte um meinen Bruder; meine Schwester um ihren Mann.

Kam ein Brief von ihnen, fiel ihnen immer ein Stein vom Herzen. Viele erhielten den gefürchteten Brief: „Auf dem Felde der Ehre gefallen – er starb für Führer, Volk und Vaterland."

Vor diesen Briefen hatten alle Angst. Die Menschen, ja selbst hitlertreue Soldaten murrten jetzt über Hitlers Selbstüberschätzung. Niemand glaubte mehr an den so genannten Endsieg. Immer mehr deutsche Städte wurden von Bombern ausradiert. In Neunkirchen und Saarbrücken waren bis dahin schon öfter Bomben gefallen, aber im Oktober 1944 erfolgte der Großangriff auf Saarbücken der die Stadt in Schutt und Asche legte. Es kamen viele Menschen ums Leben.

Abends gab es Fliegeralarm. Bald merkten wir, dass es bei uns nichts zu befürchten gab und wir kamen aus dem Keller. Mama saß wie immer die ganze Nacht im Stollen. Vom Garten aus sahen wir Richtung Göttelborn, in welcher Richtung auch Saarbrücken liegt, den Himmel hell erleuchtet.

Die Flieger hatten wieder „Christbäumchen" gesetzt. Es war taghell, wir hörten das Brummen der Flieger und das dumpfe Dröhnen der Bomben. Es war furchtbar, denn wir wussten was dort geschah. Die ganze Nacht über klirrten unsere Fensterscheiben und vibrierten die Türen. Die Flieger hatten erst die Stadt mit Sprengbomben und Luftminen beworfen und waren dann zum Schein abgedreht. Es gab Entwarnung und als die Menschen aus den Kellern und Bunkern kamen, waren sie plötzlich wieder da. Der Hochalarm kam zu spät. Nun warfen sie Brandbomben. Der Feuerschein erhellte den Himmel noch mehr. Die Phosphor-Mischung der Brandbomben brannte und klebte überall. Die Menschen kamen nicht mehr schnell genug in die Schutzräume und verbrannten. Am Morgen danach war Saarbrücken eine Trümmerlandschaft.

Es gab mehr als tausend tote. Die Erzählungen der Überlebenden waren grausig. Wieder einmal hatten wir Glück, dass wir auf dem Land lebten. Aber wir sollten mehr oder weniger auch drankommen.

Der Munitionszug

Im gleichen Jahr, also 1944, stand auf dem Bahndamm in Gennweiler ein Munitionszug. Ein gefundenes Fressen für die Flieger. Es war ein sehr langer Zug und da gab es die leichte Steigung nach Wemmetsweiler, die er nicht schaffte. Die einen sagten, er warte auf eine zusätzliche Lokomotive, die anderen sagten, er könne nicht durch den Merchweiler Tunnel, weil da ein großes Geschütz stände, das aber nicht mobil sei.

Wie dem auch sei oder war, bald hatten es die Aufklärer ausgemacht. „Alarm," Mama lief zum Stollen. Wir anderen harrten der Dinge, die da kommen sollten. Wenn mein Vater keine Angst hatte, hatte auch ich keine. Meine Schwester lebte zu dieser Zeit auch bei uns. Ihr Mann hatte im Jahr zuvor Heimaturlaub gehabt und nun hatte sie im April eine kleine Tochter bekommen. Auch meine Schwester war sehr mutig. Die Kleine stellten wir nachmittags immer mit dem Kinderwagen in den Keller, denn bei klarem Wetter kamen die Flieger jetzt fast jeden Tag. Jetzt griffen die Jäger den Zug an. Wenn es brenzlig wurde, liefen wir in den Keller und wenn es ruhiger wurde, kamen wir hoch, um zu schauen.

Einmal, wir waren gerade wieder oben, explodierten zwei Tankwagen mit Benzin. Es war ein Inferno, riesige Stichflammen und dann eine Feuerwalze, jetzt wurde uns doch bange.

Man erzählte später, dass zwei mutige Soldaten ein großes Unglück von Illingen abgewendet hätten. Sie waren, als die Flieger aufstiegen, die von Zeit zu Zeit abdrehten, um dann von neuem anzufliegen, auf den Bahndamm gekrochen und hatten die beiden letzten Waggons, die Pressluft enthielten, abgekoppelt und etwas zurücklaufen lassen. Wären die explodiert, wären wir vielleicht nicht mehr am Leben. Ebenso wurde erzählt, der Zug wäre mit einem Flakgeschütz ausgerüstet gewesen, aber das hätte Ladehemmung gehabt.

Der Zug brannte nun an allen Enden und es erfolgte eine Explosion nach der anderen. Die Flieger hatten ganze Arbeit geleistet. Ich weiß nicht mehr wie lange der Angriff dauerte, aber man hörte noch stundenlang das knatternde Geräusch der explodierenden MG-Munition.

Der Angriff war vorbei, aber Mama blieb im Stollen, weil sie das nicht hören konnte. Es war schon Spätnachmittag und ich ging zum Milch holen, da ja keine weitere Gefahr bestand. Ich kam zurück und war gerade am Lustgarten, als eine rotglühende Scheibe lautlos vorbeiflog und beim Bauern Schütz ins Dach einschlug.

Ein Soldat, der vor dem Haus stand, packte mich am Arm und riss mich unsanft in den Luftschutzkeller. Aber der zu erwartende Donner blieb aus. Bald darauf schlug auch ein solches Ding drei Häuser oberhalb unseres Hauses in das „Dachketz Haus" ein.

Der Soldat erklärte uns nachher, dass es sich bei den Dingern um Nebelwerfergranaten gehandelt habe und wir froh sein könnten, dass sie noch nicht scharfgemacht waren.

Wieder einmal hatten wir Glück.

Blick ins Familienalbum: Mama (l.), meine Schwester Maria gemeinsam mit meinem Bruder Erich (m.) und ich auf Papas Schoß.

Die gefährliche Kartoffelernte

Im gleichen Jahr, also im Herbst 1944, ich war inzwischen dreizehn Jahre alt, da traf es Illingen. Es war die Zeit der Kartoffelernte. Meine Eltern waren mit Bauer Blaß zur Ernte auf dem Hirschenhübel. Gleichzeitig waren auch auf Hosterhof Leute bei der Ernte. Nachmittags, es war ein schöner klarer Tag, gab es Alarm. Diesmal kamen „Jabos", so nannte man die Jagdbomber. Plötzlich, unmittelbar nach dem Alarm, ein ohrenbetäubendes Geräusch. Ich schrie voll Angst meiner Schwester zu: „Die schießen auf unseren Laden." Ich meinte den schweren Eisenladen an unserem Kellerfenster vor dem Haus.

Genauso hörte es sich an. Es war ein höllischer Lärm. Wir packten den Kinderwagen und ab die Kellertreppe runter. Ich war unglücklicherweise hinten und musste den Kinderwagen hoch stützen. Dann ging alles so schnell, dass ich mich heute noch frage, wie wir runterkamen. Wir waren voller Panik und Entsetzen. Das Jaulen, wenn die Jabos in Tiefflug gingen und dann aus allen Bordkanonen schossen, war furchtbar. Wir glaubten immer noch, dass sie auf unser Haus schießen.

Die anderen Mitbewohner kamen auch gerannt und einer sagte uns dann, dass sie nicht bei uns schießen, sondern auf Hosterhof. Sie schossen wie Amokläufer auf die armen Leute, die dort ihre Kartoffelernte ausmachten, bis alle tot waren. Ich glaube es waren sieben Personen, darunter ein dreijähriges Bübchen. Als das Blutbad angerichtet war, drehten sie ab. Wir aber zitterten um unsere Eltern, die ja noch am Hirschenhübel arbeiteten. Sie erzählten später, dass sie von dort oben alles mitangesehen hätten. Sie hatten sich in die Furchen gelegt und mit Kartoffelkraut getarnt.

Kurz nach der Entwarnung klingelte es an der Tür. Ein Mann fragte nach meinem Vater, der beim „Deutschen Roten Kreuz" war und sagte, er müsse zum Einsatz auf Hosterhof. Was er nicht wusste, dass es da nichts mehr zu retten gab.

Ich lief los um meinen Vater zu holen. Durchs Wiesental den Heister hinauf, der damals noch nicht bebaut war, mich immer wieder hinter Büsche duckend, wenn ich nur das Geringste hörte, bis ich zu meinen Leuten kam. Vater eilte mit mir zurück, aber als wir gerade zu unserm Haus kamen, kam ein anderer Mann von der Unglücksstelle zurück und sagte, dass es nichts mehr zu retten gäbe und dass er auch nicht mehr hingehen solle. Es sei nichts für schwache Nerven.

Mein Vater hatte eine sehr sanfte Natur, er war ein sehr liebevoller Mensch. Ich glaube er hätte es nicht verkraftet. Die armen Menschen. Sie waren regelrecht massakriert. Ein Kamerad meines Vaters erzählte, dass der rote Haarschopf einer Frau unter einem Pferdewagen, unter welchem sie sich versteckt hatte, gehangen habe. Das Bübchen war regelrecht zerfetzt.

Wenn das kein Kriegsverbrechen war.

Das letzte Kriegsjahr

Dieses letzte Kriegsjahr hatte es in sich. Der nächste Angriff sollte bald folgen. Es war ein paar Tage vor Weihnachten, da hatten wir wieder eine Sonderration bekommen. Diesmal war es Maismehl. Wunderbar dachten wir: „Nun können wir doch noch Plätzchen backen." Mit Fenner Harz, als Ersatz für Honig, wollten wir Lebkuchen backen.

Aber was war nur mit dem Teig los? Wir hatten bis dahin niemals Maismehl verarbeitet. Der Teig wollte partout nicht zusammenhalten beim Kneten. Immer wieder bröselte er auseinander. Das Maismehl war zu kurz, so sagten jedenfalls die Erwachsenen. Mit Mühe gelangen uns kleine Klümpchen, die wir vorsichtig etwas flacher drückten. So gelang es uns ein paar, wenn auch nicht so schön wie ausgestochene Lebekuchen zu backen. Mit all den Gewürzen, die Mama hineingetan hatte und etwas Glasur darüber, waren sie gar nicht so schlecht.

Bomben auf Illingen

Dann kam der Heiligabend 1944. Fliegeralarm – wir gingen nur zögerlich in den Keller. Aber dann um 13:00 Uhr ein Krachen und Bersten. So schnell waren sie noch nie da. Wir hörten, das waren Bomben, In kurzer Zeit hatten sie neun Menschen ausgelöscht. Es war in der Heusweilerstraße. Vermutlich wollten sie den Bahnhof treffen. Zwei Häuser waren zerbombt. In einem kam eine ganze Familie zu Tode: Vater – er war gerade auf Urlaub – Mutter und ihre drei Kinder. Im anderen Haus war es auch eine Mutter mit drei Kindern.

Eine Schulkameradin von mir überlebte schwerverletzt, weil sie durch den enormen Luftdruck aus dem Fenster geschleudert wurde. Das Resultat, zwei verkrüppelte Beine, die ihr heute noch nach sechzig Jahren viel zu schaffen machen. Unser damals noch ziemlich kleines Dorf war tief getroffen. Nun auch bei uns!

Vater muss zum Volkssturm

Im Frühling darauf redete man schon vom nahen Ende des Krieges. Im Osten waren die Menschen schon auf der Flucht vor der roten Armee.

Da sollten wir noch einmal gebeutelt werden. Es war kurz vor Kriegsende, als mein Vater, der ja schon den ersten Weltkrieg mitgemacht hatte, zum Volkssturm einberufen wurde. Es war lachhaft, denn was sollte eine Hand voll älterer Männer und ein paar junge Burschen noch aufhalten können. Vater musste am Heister, der damals noch nicht bebaut war, am Stollen Wache halten und auch die dortige Kreuzung überwachen.

Die Aliierten waren schon diesseits des Rheines und es konnte sich nur noch um Tage handeln, bis sie hier sein würden. Eines Nachmittags kamen zwei junge Burschen zu meinem Vater, bewaffnet mit einer Panzerfaust, die sie gefunden hatten. Sie wollten Illingen verteidigen, sagten sie. Mein sonst so sanfter Vater nahm ihnen das Ding weg und prügelte sie durch, bevor er sie nachhause schickte.

Ich glaube heute, er hat Illingen damit einiges erspart. Es geschah nämlich mancherorts, dass so ein paar Hitzköpfe schossen, als die Amis kamen und dann mit dem Tod bestraft wurden. Ich weiß von einem Fall, als zwei Männer vom Kirchturm aus auf die anrückenden Amis schossen. Die nahmen daraufhin zehn Männer und stellen sie an die Wand (das heißt, sie wurden erschossen).

Waffenfähigen Männer von 16 bis 60 Jahren wurden außerhalb der Wehrpflicht in den letzten Kriegswochen zum „Volkstsurm" eingezogen. Quelle: Bundesarchiv

Artilleriebeschuss

Es muss am 16. oder 17. März 1945 gewesen sein, da hörten wir gegen 17:00 Uhr ein Pfeifen und gleich darauf einen dumpfen Einschlag. Mein Vater kannte das Geräusch und sagte, es seien Granaten. Zehn Minuten später das Gleiche.

„An der Schmelz" stieg aus den Hecken Rauch auf. Zur Schmelz und zum Wiesental hin bis nach Wemmetsweiler hatten wir eine herrliche Aussicht, denn die gegenüberliegende Straßenseite war noch nicht bebaut. Dort standen wunderschöne Lindenbäume. Direkt vor unserem Haus der Erste und Größte. Die anderen im Abstand von etwa 20 Meter bis nach Gennweiler. Nun wussten wir es war Artilleriebeschluss. Wir rannten in den Keller. Diesmal konnte Mama nicht mehr in den Stollen. Sie blieb also und lief zwischen den zeitlichen Abständen rauf und runter und brachte jedes Mal ein paar ihrer wertvoll erscheinenden Dinge mit. Es waren immer ein paar Minuten bis die nächste Granate angepfiffen kam. Die Treffer kamen immer näher und die Abstände wurden immer kürzer. Das ging so bis zum nächsten Morgen. Sie beschossen nur ein Teilstück und zwar die Kreuzung in der Allee und unsere Straße bis Ende Schmelzerberg. Das waren Haupttransportwege.

In dieser Nacht gingen in diesem kleinen Teilstück unzählige Granaten nieder. Am Hirtenberg, Galgenberg und im Rosental schliefen die Bewohner in ihren Betten. Da hörte man nur das dumpfe Grollen und die glaubten, das sei weiter weg. Alle Hausbewohner waren im Keller versammelt und bei unserer Mieterin, die hochschwanger war setzten die Wehen ein. Vermutlich auch durch die Aufregung. An diese Geschehnisse kann ich mich erinnern als wäre es gestern gewesen.

Mein Vater war natürlich zu Hause geblieben. Volkssturm hin, Volkssturm her, es gab ja doch nichts mehr zu retten. Die Männer hängten eine Tür aus und legten die Frau darauf. Glücklicherweise beruhigten sich die Wehen wieder und sie bekam 14 Tage später einen kleinen Sohn. Nun aber im Bett.

Der Beschuss nahm zu. Als eine Granate direkt auf den Randstein des Bürgersteiges aufschlug, kamen unsere sämtlichen Kellerfenster durch den starken Luftdruck hereingeflogen, gefolgt von einem beißenden Pulvergeruch und dichtem Qualm. Da bekamen wir doch Angst. Der Aufschlag der Granate auf den harten Granitstein war so hart, dass der zurückprallte und den

Stamm unserer schönen Linde zerriss. Mein Freund der Baum war tot.

Aber auch die längste Nacht geht vorbei. Am Morgen, der Beschuss hatte aufgehört, sahen wir die Verwüstung. Wir hatten zwar als es losging die Fenster geöffnet, aber die Rollläden geschlossen. Trotzdem waren alle Scheiben kaputt. Die Ziegel waren zum Teil weg und in den Mansardenzimmern war der ganze Gips von den schrägen Wänden gefallen. Das sah schlimm aus. Im Nachbarhaus war sogar der ganze Dachstuhl weg. Unser schöner Garten war voller Granatlöcher.

„Auf der Schmelz", an der Jugendherberge, war der ganze Giebel raus und man konnte bis hineinsehen. Wir hatten Glück, dass bei diesem Beschuss keine Granate unser Haus getroffen hatte, denn 360 Granaten können schon eine Menge anrichten. Mein Vater machte sich gleich auf den Weg, um Glas zu besorgen. Das war schwer zu bekommen. Der Mann meiner Kusine, er war im Krieg, hatte eine Schreinerei. Dort standen noch ziemlich viele Glasreste herum, die Vater nachhause brachte. Es waren oft zwei bis drei Stücke aus der sich eine Scheibe zusammensetzte. Aber es war Glas und es war ganz. Andere hatten nicht so viel Glück und mussten Pappe oder Holz dazu hernehmen. Mein Vater war also das Glas besorgen, während meine Schwester im Garten Windeln aufhängte.

Plötzlich kam sie, die Mutige, kreidebleich und zitternd hereingestürzt und rief: „Jetzt müssen wir alle sterben." Gleich darauf erfolgte eine ohrenbetäubende Explosion. Man hatte im Heister vergrabene Munition per Fernzündung gesprengt, von der niemand eine Ahnung hatte. Das gab unserem Haus noch eins drauf. Die Fensterläden, die wir geschlossen hatten, sahen aus als habe eine eiserne Hand in die Mitte gefasst und die Lamellen alle nach Außen gerissen. Der Rest der Ziegel war auch weg. Danach war Totenstille.

Meine Schwester erzählte, sie habe als sie im Garten war, um den Heister herum einen ovalen Kondensstreifen gesehen und dann in die Mitte hinein von oben herkommend wie ein Pfeil. Das muss die Fernzündung gewesen sein, die sie so erschreckt hatte, dass sie glaubte, das sei nun das Ende.

Die „Amis" kommen

Am anderen Tag, es war der 19. März 1945, kamen die Amerikaner in unser Dorf. Für uns war der Krieg jetzt schon zu Ende. Die Kettenfahrzeuge rasselten an unserem Haus vorbei und wir alle dachten, was wird nun?

Und dann kamen sie von Haus zu Haus um nach Waffen oder versteckten Soldaten zu suchen. Es waren immer zwei Mann, im Kampfanzug mit Helm und Gewehr.

Meine Schwester und ich waren allein in der Küche. Mein Vater saß auf dem Dach um zu reparieren, so gut er konnte. Wo Mama gerade war, weiß ich nicht. Wir waren sehr aufgeregt als zwei Mann hereinkamen. Sie durchforsteten das Haus von oben nach unten, waren aber nicht unfreundlich.

Plötzlich tippte der eine auf ein Heft. Es gehörte meinem Vater. Er hatte noch eine Nebenbeschäftigung als Filmvorführer im UT Kino. In diesem Heft hatte er die Titel der Filme aufgeschrieben, die er wöchentlich im Verleih abholen musste. Nun tippte also dieser Ami auf eine Zeile, da stand „Scheinwerfer im Nebel". Meine Schwester durchfuhr es heiß, denn sie dachte, der Soldat glaubte, es wäre etwas Militärisches, was da geschrieben stand. Aber dann kam ein breites Grinsen über sein Gesicht und er tippte wieder mit seinem Finger, diesmal auf ein silbernes Armband, das er trug und zwar auf die erste Silbe. Er hieß Michael Schreiner. Scheinwerfer und Scheiner, die beiden ersten Silben waren im aufgefallen. Uns fiel ein Stein vom Herzen.

Aber dann sollten wir doch noch einen Schreck bekommen. Mein Vater hatte im Schlafzimmer einen alten Militärmantel mit einer Rot-Kreuz-Armbinde hängen. Der Wurde ihm zum Verhängnis. Er musste vom Dach steigen und rußig wie er war, nahmen sie ihn mit zu ihrem Kommandanten. Dort haben sie ihn stundenlang verhört, weil sie nicht glauben wollten, dass er nicht Soldat sei und den Mantel nur zum Rot-Kreuz-Einsatz getragen habe. Nach Stunden ließen sie ihn wieder laufen und wir alle atmeten auf.

Ich war jetzt vierzehn Jahre alt. Wenn in der nächsten Zeit viele Auto-Konvois bei uns vorbeifuhren und wir Kinder an der Straße standen, warfen uns die Amerikaner häufig kleine Dosen mit Schokolade oder auch Wurst zu. Wir sammelten sie mit Freude auf.

Die Besatzungszeit

Nach einiger Zeit bekamen wir erst einmal französische Besatzung. Die waren im Lustgarten stationiert. Sie hatten im Gegensatz zu den Amis eine lässige Art. Wenn sie rumliefen mit Sandalen und das Hemd über der Hose hing, sahen so ein bisschen schlampig aus, nicht wie Soldaten.

Zweimal hatten wir auch Franzosen in Quartier. Warum das so war, weiß ich nicht mehr. Der eine war ein hoher Offizier, der nur eine Nacht blieb. Als er sich verabschiedete, meine Schulfreundin und ich waren gerade bei den Hausaufgaben, sagte er in gebrochenem Deutsch: „Meine Damen, studieren sie gut." Wir fühlten uns – als Damen.

Ein anderer war etwas länger da. Er hieß Marcel Botin und hat uns später auch mal geschrieben. Ich weiß nicht mehr, wie lange die Franzosen dablieben. Ich glaube, nicht sehr lange, denn dann kamen die Amis. Sie hatten ihre Kommandantur in der Lehnschule. Dort schliefen sie auch und hatten ihre Küche da. Sie waren alle schneidig und adrett wenn sie ausgingen. Kein Vergleich zu den Franzosen. Uns Kindern waren sie wohlgesonnen und versorgten uns mit Schokolade und Kaugummi.

Archivbild: Ein amerikanischer GI verteilt Kaugummi und Schokolade. Copyright: unbek.

„Please give me a chewing-gum", war ein Satz der bald jedes Kind konnte und lachend gaben sie. Eine gute Bekannte meiner Mutter arbeitete bei den Amis in der Küche und brachte uns oft leckere Überreste mit. Ich erinnere mich an kleine Küchlein, die sehr fein schmeckten und besonders an Erdnussbutter, die ich heute noch mag. An einem schönen Sommerabend kamen zwei adrett gekleidete Amis an unser Hoftor. Dort kamen sie mit meiner Mutter ins Gespräch. Der eine konnte perfekt Deutsch, seine Eltern waren deutsche Auswanderer erzählte er. Er hieß Frank Fellenstein. Sein Kamerad Fritz konnte auch etwas Deutsch, bei ihm waren die Großeltern Deutsche gewesen. Daher der Name Fritz.

Nun fragten sie Mama, ob sie vielleicht bereit wäre, ihre Sachen zu waschen. Das waren nur Ausgeh-Klamotten, Khakihose und Hemd dazu. Mama meinte, das könne sie wohl, aber wir hatten ja kein Waschmittel. Das sei kein Problem, meinten sie, sie würden Seife mitbringen. Der Handel wurde beschlossen und als Mama die Seife sah, war sie außer sich vor Freude. Es war ein kiloschweres Stück richtige Kernseife. Die hatten wir seit Jahren nicht und jetzt konnte sie auch unsere Wäsche damit waschen. Sie kamen jede Woche. Zwei Hosen, zwei Hemden zwei Stück Seife – wunderbar.

Wenn sie ihre Sachen Abholten, brachten sie oft eine Flasche Wein mit. Man traf sich jetzt nicht mehr am Hoftor, sondern in der Stube. Es waren immer unterhaltsame Abende, an denen sie viel von zuhause erzählten und uns auch Bilder ihrer Familien zeigten. Meine Kusine mit ihren vier Kindern war wieder heimgefahren. Dafür kam jetzt eine dreiköpfige Familie aus Saarbrücken zu uns. Sie waren nach Braunschweig geflüchtet und nun von dort zurückgekommen. Ihr Haus in Saarbrücken war den Bomben zum Opfer gefallen. Jetzt waren sie uns zugeteilt worden.

Eine in franz. Franc umgewidmete Saar-Briefmarke von 1947.

Die Sperrstunde und wie Vater in den Knast kam

Nun muss ich noch erzählen, wie das während der Besatzungszeit mit der Sperrstunde war. Nach 21:00 Uhr durfte niemand mehr auf der Straße sein. So kam es, dass mein Vater eines Tages in den Knast musste. Unser Nachbar, ein Wirt, hatte meinen Vater und meine Mutter eingeladen, abends zu ihm zu kommen. Sie hatten einen kleinen Handel vereinbart. Ich glaube mich zu erinnern, dass es um einen Kanister Benzin ging. Sie mussten lediglich die Straße überqueren und durch den Biergarten gehen.

Es waren noch ein paar Gäste da, die dort etwas feierten und die Sperrstunde einfach ignorierten. Diese Gäste waren von jemandem angezeigt worden und so kam es, dass plötzlich eine amerikanische Streife gefolgt von unserem Dorfpolizisten, der ein Freund meines Vaters war, hereinkam. Er erzählte ihm später, dass er sehr erschrocken war, meine Eltern dort zu sehen. Alle wurden festgenommen, nach dem Motto: "mitgefangen, mitgehangen."

Mama hatte sich während des Trubels, der entstand, in die Küche verdrückt und da der Wirt Witwer war, rausgeredet, sie sei die Frau des Hauses. Die ganze Gesellschaft einschließlich meines Vaters wurde ins Rathaus gebracht, wo sie die Nacht in Zellen, die sich im Keller befanden, verbringen mussten. Tags drauf wurden sie in Saarbrücken vor ein amerikanisches Schnellgericht gestellt und zu drei Monaten Haft verurteilt.

Sie kamen in ein Lager in Binsental bei Neunkirchen. Dort verbrachten sie einen regelrechten Urlaub. Es war ein weiträumiges eingezäuntes Gelände, auf dem Baracken standen. Es war sauber dort, sie hatten eine prima Verpflegung und konnten ansonsten tun und lassen was sie wollten. Sie konnten auf dem Gelände spazieren gehen und mussten nur die Langeweile totschlagen.

Wir besuchten ihn einmal die Woche. Er hatte dort eine Mitgefangene kennengelernt, die aus Neunkirchen war. Sie hatte ein Juweliergeschäft und ihr Mann war gefallen. Als die Amis gekommen waren, hatten sie in ihrem Haus eine Pistole gefunden. Die musste ihrem Mann gehört haben und sie hatte nichts davon gewusst. Nun saß sie auch hier, musste aber noch länger bleiben, als mein Vater. Sie hatte zwei Kinder die sie oft besuchten. Da niemand da war, der etwas ranschaffte, ging es ihnen schlecht. Sie sahen halb verhungert aus und meine Mutter lud sie häufig ein und fütterte sie dann mal gut. Auch gab sie ihnen immer noch etwas Essbares mit nach Hause.

Deutsche Einhandgranate aus dem Zweiten Weltkrieg.
Copyright: Iwo Patryn (Wikimedia Commons) / CC BY-SA 4.0

Gefährliche Relikte

In dieser Zeit, gleich nach dem Krieg, geschahen auch häufig Unfälle mit Jugendlichen. Es lag viel Munition herum. Ein gefundenes Fressen für Jungs. Zwei von meinem Jahrgang verloren ihr Augenlicht. Ein Junge aus unserem Bekanntenkreis verlor sein Leben. Sie hatten zu zweit mit einer Handgranate gespielt und den Zünder abgezogen. Sie explodierte in den Händen des Jungen. Andere wiederum verloren Hände und Füße. Es dauerte lange bis man diese Relikte aus dem Krieg entfernt hatte.

Wir hatten Nachricht erhalten, dass mein Bruder in amerikanischer Gefangenschaft sei. In Bayern am Ammersee. Bald darauf schrieb er selbst, dass es ihm gut gehe. Mama fiel ein Stein vom Herzen, denn das war nicht in allen Lagern der Fall.

Etwas später, ich war jetzt fünfzehn, kam mein Schwager zurück. Er war bei den Frühheimkehrern. Er sah zum ersten Mal seine kleine Tochter und war tief gerührt. Er, das Organisationstalent aus Frankreich, sollte uns auch jetzt sehr hilfreich sein.

Diese Zeit, kurz nach dem Krieg war, was die Ernährung betraf noch schlechter als während des Krieges. Es gab keine Lebensmittelkarten mehr und nichts war geregelt. Jeder musste sehen wie er zurechtkam. Die Hamsterzeit begann.

Die Hamsterzeit

Mein Schwager und meine Schwester fuhren immer in die Pfalz um Rohtabak zu kaufen, der dort angepflanzt wurde. Da sie die Grenze zur Pfalz überqueren mussten, (das Saarland stand noch unter französischer Verwaltung), banden sie sich die Tabakblätter um Bauch und Beine. Meine Schwester trug ihren weiten Schwangerschaftsmantel, mein Schwager sogenannte Knickerbockerhosen. Da fiel die Polsterung darunter nicht auf. Zuhause hatte Vater einen Schneideapparat gebastelt um die Tabakblätter fein zu schneiden.

Dann wurde der Tabak zu je 150g abgewogen und kam in kleine braune Kuverts, die Papa von der Post mitgebracht hatte.

Nun ging es auf Hamsterfahrt in den Hochwald. Erst waren die Bauern misstrauisch. Sie waren schon oft übers Ohr gehauen worden und vermuteten es könnten Hobelspähne unter dem Tabak sein. Mein Vater schüttete eine Tüte aus, damit sie sahen, dass es sich um reinen Tabak handelte. Mit gefüllten Rücksäcken voller Mehl, Speck und Eiern kamen sie heim und was wichtig war, sie hatten feste Kunden gefunden, die in der Folgezeit immer Abnehmer waren.

Einmal wollte ich auch mit. Mama hatte noch einen dunkelblauen Strohhut mitgegeben und ein paar Röllchen Stopfgarn, das sie immer aus einer geheimen Quelle bezog. Das waren wieder mal gute Tauschobjekte. Ich nahm den Mund ganz schön voll und glaubte ich würde einen besonders guten Deal machen. Im ersten Haus, dass ich erst einmal mit meinem Vater betrat, er brachte wie immer Tabak an den Mann, sagte die Bäuerin mit einem mitleidigen Blick auf mich, „Warte mein Kind, ich mach dir erst mal ein ordentliches Brot." Mein Vater sagte, ich solle vor dem Haus, wo eine Bank stand, auf ihn warten. Er hatte gesehen, dass ich den Tränen nah war.

Ich habe mich in meinem ganzen Leben nicht so geschämt wie damals. Ich habe das Brot zwar gegessen, aber kam mir vor wie eine Bettlerin. Abends fuhren wir mit einem Holztransporter, den wir angehalten hatten, nachhause. Die Männer mit prall gefüllten Rucksäcken.

Ich fuhr nie mehr mit.

Brot gegen Kohlen

Nachdem der Tabakhandel so gut floriert hatte, entdeckten unsere Männer eine neue Quelle für Beschaffungsmöglichkeiten.

Im Merchweiler Wald gruben jetzt viele nach Kohlen. Da war ein Stollen neben dem anderen. Vater, mein Schwager und unser Dorfpolizist, der ein Freund meines Vaters war, bauten sich auch einen Stollen. Dazu mussten sie erst ein paar Proben nehmen, bis sie fündig wurden. Die Stollen waren natürlich nicht so tief und die Kohlen wurden mit Eimern rausbefördert. Ich musste ihnen oft das Essen bringen, wenn sie lange arbeiteten. Die Kohle wurde mit einem Fuhrwerk, das einem Nachbarn gehörte und von zwei Kühen gezogen wurde heimgefahren. Bei einer solchen Fahrt, den Galgenberg hinunter, saß mein Vater hinten auf der Schraube, um die Bremse zu bedienen und stürzte runter. Der Arme hatte einen Schlüsselbeinbruch und musste schwarz und rußig wie er war zum Arzt gebracht werden. Wir konnten ihn weder umziehen noch waschen wegen der Schmerzen, die er hatte.

Für Abnehmer der begehrten Kohle sorgte wieder einmal mein Schwager. Mit einem Bäcker aus Hüttigweiler hatte er einen Handel gemacht: Kohle gegen Brot. Ein Tag war abgemacht, wo das Brot abgeholt werden sollte. Ich war der Bote.

Losgeschickt wurde ich mit dem Fahrrad meines Vaters. Es hatte einen hohen Bock über den ich schlecht drüber kam. Beim Bäcker angelangt, musste ich erst einmal warten, da das Brot erst kurz zuvor aus dem Ofen gekommen war. Eine Zeitlang später meinte der Bäcker, ich könne jetzt losfahren. Er packte mir drei riesengroße runde Brote in meinen ebenso großen Rucksack, den sie mir zuhause umgehängt hatten. Ich war bis dahin noch nie mit Gewicht Fahrrad gefahren und es dauerte lange, bis ich über den hohen Bock war und die Balance halten konnte. Aber dann schon nach kurzer Zeit ging die Hitze, die noch in den frischgebackenen Broten war durch und brannte mir höllisch auf dem Rücken. Ich hätte liebend gerne angehalten, wagte es aber nicht. Ich hätte wo es jetzt mal schön im Laufen war, das bestimmt nicht mehr in die Balance bekommen.

Also biss ich die Zähne zusammen und strampelte heim. Dort angekommen schlugen sie die Hände überm Kopf zusammen als sie meinen Rücken und dann die Brote sahen. Mein Rücken war krebsrot und die Brote plattgedrückt wie eine Flunder.

Wir konnten nur noch das Äußere essen. Der Bäcker hätte wissen müssen, dass die Brote noch viel zu frisch waren und hätte mir auch nicht zu viel Gewicht zumuten dürfen. Jedenfalls brauchte ich nicht mehr zu fahren.

Immer noch auf Nahrungssuche

Die Freundin meiner Schwester hatte einen amerikanischen Offizier geheiratet. (Er war übrigens später Militärattaché in Ankara). Der hatte meinem Schwager seinen Jeep dagelassen, als er für kurze Zeit in die USA musste. Mit diesem Jeep war mein Schwager ständig unterwegs um alles Mögliche ranzuschaffen. So fuhr er im Herbst zu Bauern Zuckerrüben holen. Daraus bereiteten wir Rübensaft (Harzschmeer). Das war auch so eine Arbeit, die nicht schön war. Die dicken, harten Rüben mussten geschält und geschnippelt werden. Dann wurden sie im Waschkessel gekocht. Einmal hatte Papa, im Glauben es wäre Zucker, feines Salz hinzugegeben. Das war vielleicht ein Geschmack. Aber wir aßen es trotzdem.

Das Ende meiner Kindheit

Die Zeit verging, ich war sechzehn. Deutschland war im Wiederaufbau. Langsam wurde es mit allem besser. Mein Bruder war auch aus der Gefangenschaft heimgekehrt.

Doch ein Opfer forderte der Krieg noch in meinen Augen. Im Januar 1947 starb meine geliebte Schwester an Lungenentzündung. Sie war gerade 28 Jahre geworden. Der Engländer Alexander Fleming hatte das Penicillin entdeckt, aber da es Krieg war, gab es das bei uns in Deutschland zu dieser Zeit noch nicht. So betrachtet, ist meine Schwester, wenn auch ein „indirektes" Opfer des Krieges geworden.

Mit dieser Feststellung will ich meinen „Kriegsbericht" beenden. In der Hoffnung, dass meine Kinder und Enkel so etwas nie erleben müssen.

Dass es nie mehr Krieg soll geben

Darum woll'n wir täglich beten.

Lass Herr nicht umsonst uns bitten.

Deutschland hat genug gelitten.

Schenke uns und unsren Lieben

Gesundheit und vor allem Frieden.

Ich Zita Ritz, geb. Steil, habe diese Erinnerungen für meine Kinder und Enkel aufgeschrieben.

Illingen im Januar 2004

Anhang

Das jüdische Leben in Illingen

Textquelle: www.jüdische-gemeinden.de

Ein erster urkundlicher Beleg der Existenz von Juden in Illingen stammt von Beginn des 18. Jahrhunderts; doch vermutlich lebten bereits Jahrzehnte zuvor jüdische Familien im Ort. Die Herrschaft von Illingen, die Freiherren von Kerpen, nahmen im Laufe des 18. Jahrhunderts einige jüdische Familien - nach Zahlung eines niedrigen Schutzgeldes - in Illingen auf; dagegen wurde streng darauf geachtet, dass sich keine „Betteljuden" hier ansiedelten.

Den meist vom Viehhandel lebenden und aus der nördlichen Pfalz stammenden Juden sicherten die Freiherren individuell Schutz zu - allerdings immer gegen bestimmte Gegenleistungen, welche auch oft in Naturalien bestanden.

Die Illinger Judensiedlung lag auf halbem Wege zwischen dem Schloss und dem Dorfe; das Gelände war herrschaftlicher Grund und Boden, wo ihnen - gegen Zahlung eines jährlichen Erbzinses - kleine Parzellen zur Verfügung gestellt worden waren.

Gegen Mitte des 18.Jahrhunderts wurde in Illingen der jüdische Begräbnisplatz angelegt, der auf herrschaftlichem Gebiete ober-halb des Heisterwaldes in Richtung Raßweiler lag. Bis 1831 wurden hier auch Angehörige der jüdischen Gemeinden Neunkirchen und Ottweiler beerdigt. Für jede Bestattung musste eine Gebühr gezahlt werden, die sich nach Geschlecht und Alter der Verstorbenen richtete.

Gottesdienste wurden zunächst in dem Obergeschoss eines Privathauses in der Judengasse abgehalten; im Erdgeschoss war eine Religionsschule untergebracht, wofür ebenfalls ein Schulgeld zu zahlen war. Einen eigenen Rabbiner unterhielt Illingen seit den 1760er Jahren.

Seit 1859 besaß die Illinger Judenschaft eine neue Synagoge; es war ein zweigeschossiger Bau mit Satteldach. Zur Einweihung war die politische und gesellschaftliche „Prominenz" der Umgebung erschienen.

Eine eigene jüdische Elementarschule gab es in Illingen seit ca. 1820; gegen Ende des 19.Jahrhunderts erhielt sie den Status einer öffentlichen Schule.

Haupterwerbsquelle der Illinger Juden war bis ins 19. Jahrhundert der Viehhandel. Im Zuge der zunehmenden Industrialisierung des Saargebietes ging die Zahl der Angehörigen der Illinger jüdischen Landgemeinde stark zurück.

Die Juden Illingens waren in mehrere jüdische Vereine eingebunden; sie gehörten aber auch nicht-jüdischen Lokalvereinen an.

Zu antijüdischen „Aktionen" kam es hier im Jahre 1907, als katholische Wähler der Zentrumspartei jüdische Geschäftsleute boykottierten. (...) Nach dem Ersten Weltkrieg verbreitete sich in Illingen vermehrt antisemitisches Gedankengut; 1930 fanden erste Ausschreitungen gegen hiesige Juden statt, die von ca. 80 uniformierten Nationalsozialisten begangen wurden, ohne dass diese dafür strafrechtlich belangt wurden.

Zwischen 1933 und 1939 verließen mehr als 100 Illinger Juden ihren Heimatort; teils verzogen sie in andere größere Städte, teils emigrierten sie - vor allem nach Frankreich. Zurück blieb eine kleine Restgemeinde, die von Adolf Israel Kahn geführt wurde. Ende 1936 versuchten die Juden Illingens, zusammen mit denen von Neunkirchen und Merzig, eine Verbandsgemeinde zu gründen, da die jeweiligen Einzelgemeinden kaum mehr lebensfähig waren; doch diese Pläne zerschlugen sich auf Grund der weiteren politischen Entwicklung.

Während des Novemberpogroms von 1938 wurde die Synagoge von SA-Angehörigen geplündert und anschließend angezündet; das Gebäude brannte bis auf die Grundmauern nieder. Das Synagogengrundstück wurde 1940 von der Kommune Illingen übernommen, die Ruine 1949 niedergelegt. Auch der 1747 angelegte jüdische Friedhof wurde zerstört, die Grabsteine abgeräumt.

Jüdische Männer wurden teils auf LKWs abtransportiert, teils zunächst in die Arrestzellen des Rathauses eingesperrt und später verschleppt. Im Oktober 1940 wurden die letzten 20 in Illingen verbliebenen Juden ins südfranzösische Internierungslager Gurs deportiert; damit endete die Geschichte der jüdischen Gemeinde in Illingen.

Nach Angaben der Gedenkstätte Yad Vashem/Jerusalem und des „Gedenkbuches – Opfer der Verfolgung der Juden ..." wurden nachweislich 80 gebürtige bzw. längere Zeit hier ansässig gewesene jüdische Bürger Illingens Opfer der NS-Gewaltherrschaft. Seit 2007 erinnern sog. "Stolpersteine" an diese ehemaligen Mitbürger Illingens.

https://www.jüdische-gemeinden.de/index.php/gemeinden/h-j/982-illingen-saarland

Heute erinnert nur noch der verbliebende Torbogen als Mahnmal an die ehemalige Synagoge in Illingen.
Copyright: Simon Mannweiler (Wikimedia Commons) / CC BY-SA 4.0

Rezept für süßes Bucheckernbrot
Zutaten f. 1 Portion

500 g Bucheckern
250 g Zucker
500 g Mehl
1½ TL Backpulver
0,5 Liter Milch
8 EL Paniermehl
1 EL Butter

Zunächst die Bucheckern von der Schale befreien und in einer Pfanne anrösten. Danach, etwa mit der Küchenmaschine, zu Mehl vermalen. Eine rechteckige Form einfetten und mit den Paniermehlbröseln ausstreuen.

Das Bucheckernmehl, das Mehl, den Zucker und das Backpulver gründlich vermischen. Milch zu den trockenen Zutaten geben. Sofort alles zu einem festen Teig verkneten. Dessen Konsistenz sollte der eines festen Hefeteigs gleichen. Wenn nicht, kann nachträglich noch 75 ml Milch oder Sahne beigefügt werden.

Den fertigen Teig in die vorbereitete Form füllen und bei 190 °C 45-55 Minuten backen. Das fertige süße Brot kann unmittelbar nach dem Backen mit Butter und Hagelzucker bestrichen und bestreut werden.

Bucheckern (l.) im Größenvergleich zu einer Kastanie.
Quelle/Copyright: Paul_Henri (via Pixabay.com) / Pixabay License

1944 - Es brannte sogar der Asphalt
Die Bombardierung von Saarbrücken

Rund 100 Bombenangriffe erlebte das Saarland im Zweiten Weltkrieg, allein 32 Mal attackierten britische und amerikanische Bomber dabei die Stadt Saarbrücken. Das schlimmste Bombardement aber fand am Abend des 5. Oktober 1944 statt. Mit dem erklärten Ziel, die Stadt als wichtige Drehscheibe für deutsche Truppenbewegungen vollständig zu zerstören, schickt die britische Royal Airforce eine Armada von hunderten Flugzeugen los. Sie hinterlassen ein Inferno.

Durch das Abscannen und Aktivieren des folgenden QR-Codes mit einem Smartphone oder Tablett öffnet sich der Film automatisch.

https://www.sr-mediathek.de/index.php?seite=7&id=95279

SR-Beitrag vom 19.11.2020
Dauer: 00:02:46
© Saarländischer Rundfunk

Karte des Saarlandes
Quelle: GoogleMaps